ACADÉMIE DES SCIENCES, BELLES-LETTRES ET ARTS
DE LYON

DISCOURS

PRONONCÉ AUX FUNÉRAILLES

DE

M. BLANC DE SAINT-BONNET

Le 12 juin 1880

PAR

M. BOUCHACOURT

Président

LYON
ASSOCIATION TYPOGRAPHIQUE
Th. Giraud, rue de la Barre, 12

1880

M. BLANC DE SAINT-BONNET

DISCOURS

PRONONCÉ AUX FUNÉRAILLES DE M. BLANC DE SAINT-BONNET

Le 12 juin 1880

PAR

M. BOUCHACOURT

Président.

MESSIEURS,

Avant de nous séparer de la dépouille mortelle de cet homme de bien, d'un grand talent, d'une rare vertu et, pourquoi ne le dirai-je pas, d'un véritable génie, permettez-moi, au nom de l'Académie de Lyon, que j'ai l'honneur de représenter à ses funérailles, de vous rappeler en quelques mots ce que fut notre regretté collègue.

Né en 1815, dans une ancienne et honorable famille lyonnaise, Antoine-Rodolphe Blanc de Saint-Bonnet eut une enfance et une première jeunesse très-ordinaires, bien obscures, du moins, quant aux succès de ses études classiques. Il les commença au collége de Bourg, mais ce fut à celui de Lyon, où il eut le bonheur d'avoir M. l'abbé Noirot pour professeur, qu'il se révéla pour la première fois. Il avait apporté à ses leçons plus que de la défiance, du mauvais vouloir et un parti pris d'opposition. Au bout de peu de semaines, il était gagné à la confiance et bientôt à l'affection de cet homme de vraie science, du Platon chrétien, comme on l'a appelé, et devenait un de ses disciples les plus dévoués et les plus convaincus. L'écolier le plus insoumis, le plus irrégulier était transformé en un zélé néophyte. Notre vénéré maître eut plus d'une fois le bonheur d'opérer de pareils prodiges. A la fin de l'année, Blanc de Saint-Bonnet recommençait sa philosophie qu'il ne devait jamais finir. Bientôt il voulut devenir maître à son tour, sinon par l'enseignement oral, du moins par ses écrits. Il commença, entre le collége et les cours de droit qu'il suivit à Paris, la rédaction de ses études sur l'*Unité spirituelle, la Société et son but au-delà du temps* : trois volumes, sous ce titre, paraissaient en 1841 ; Blanc de Saint-Bonnet avait alors vingt-six ans.

Son livre *De la Douleur*, qui fut le second de ses ouvrages, vint en 1849 et précéda de peu d'années un travail moins important, mais fort original, ayant pour titre : *De l'Affaiblissement de la raison et de sa décadence en Europe*. En 1851, il donne une œuvre considérable : *De la Restauration française*, puis une autre étude sur la *Raison*.

C'est en 1861 que paraît son livre sur l'*Infaillibilité*, et en 1873 un volume sur la *Légitimité*. Ce n'est pas tout encore, l'infatigable écrivain venait d'achever peu de jours avant sa mort deux volumes d'une œuvre qui sera peut-être la plus importante de ses créations ; elle a pour titre : *De la Chute de l'homme et de la Réparation*.

Rien ne l'arrête, ni la maladie, ni les chagrins de famille, ni les temps troublés que nous traversons ; il n'admet pas plus le repos que le découragement. Il souffre, mais travaille toujours et poursuit son œuvre avec une indomptable ténacité et un calme que rien ne saurait troubler.

Si dans ses ouvrages philosophiques, où il discute et éclaire les questions religieuses et morales, politiques, sociales et économiques de l'ordre le plus élevé, Blanc de Saint-Bonnet se montre avant tout l'élève de l'abbé Noirot, il a cependant sa manière à lui, qu'il perfectionne toujours, s'inspirant des vérités de la foi, qu'il prend constamment pour guide ; vivant en communauté d'idées et de sentiments avec les grands philosophes de l'antiquité, procédant dans sa manière et de Pascal et de Bossuet, mais se rapprochant davantage encore de Bonald et de Joseph de Maistre.

Moins pratique que ce dernier, car il n'avait pas été mêlé comme lui aux choses de la vie et au gouvernement des hommes, mais faisant à la raison sa part légitime, après en avoir étudié et constaté les aberrations passagères. Esprit synthétique avant tout, prime-sautier et clairvoyant, sachant tenir grand compte de l'observation appliquée aux choses de l'âme, aux faits de conscience dans le champ du monde moral ; manquant peut-être, à force de profondeur, de facilité et de souplesse, mais possédant à fond les idées qu'il développe, et se faisant presque un langage à lui pour les exprimer.

Du reste, nul ne lui refusera le mérite rare dans tous les temps, de la constance dans ses amitiés et de la fermeté inébranlable de ses convictions religieuses et politiques, dont il ne sut ni cacher ni même adoucir les manifestations.

L'Académie de Lyon ne pouvait manquer de s'honorer elle-même en admettant, en 1845, Blanc de Saint-Bonnet au nombre de ses membres titulaires ; c'est bientôt après qu'il fut nommé chevalier de la Légion d'honneur, et que de Rome et de Vienne de nouvelles distinctions venaient le trouver dans le silence et l'humilité de sa retraite.

Mais si Dieu lui accorda les faveurs que l'étude et le travail persévérant appellent sur les intelligences d'élite, il ne lui épargna pas les épreuves qui élèvent les cœurs et perfectionnent les âmes. L'expérience de la douleur ne manqua pas à celui qui en avait si admirablement décrit les caractères et, pour ainsi dire, fixé les lois. Sa mère, malade, réclama pendant vingt-cinq ans les soins asidus et délicats du fils le plus tendre et le plus dévoué ; il perdait, jeune encore, la meilleure des épouses, et, quelques années après, la plus jeune de ses filles. Ce n'était pas fini, et pour lui la coupe des douleurs n'était pas épuisée. Il y a quelques mois à peine que, peu après la mort de son cher et vénéré maître, Blanc de Saint-Bonnet fléchissait ou plutôt se brisait, cette fois, sous un nouveau et cruel deuil : sa seconde fille et l'enfant qu'elle lui promettait, à peu de jours d'intervalle, lui étaient enlevés.

C'est alors que, vaincu par la maladie, notre cher collègue s'est recueilli ; il a fait appel à toutes les forces de son âme, à sa foi chrétienne qui ne varia jamais, à ses espérances toujours plus fermes et plus vives. Souvent, dans ses études philosophiques, le mot de *sources* revient sous sa plume ; c'est, pour son esprit qui a soif de vérité, un but constant à atteindre. C'est vers les sources divines que son âme altérée s'est tournée cette fois encore, avec une ardeur et une confiance que le souverain bien peut seul satisfaire. Dieu l'appelait enfin pour lui donner sa récompense en ouvrant à cet esprit insatiable de lumière la source des éternelles clartés.

Extrait des Mémoires de l'Académie des Sciences, Belles-Lettres et Arts de Lyon,
(volume dix-neuvième de la classe des Lettres).

Lyon, Assoc. typ., rue de la Barre, 12 — Th. GIRAUD, directeur.

www.ingramcontent.com/pod-product-compliance
Lightning Source LLC
Chambersburg PA
CBHW061618040426
42450CB00010B/2550